楽しむ伝統文化

着物

①

着物のきほん

監修　織田きもの専門学校

保育社
HOIKUSHA

この本を読むみなさんへ

みなさんは、着物にどんなイメージを持っていますか？
夏のお祭りのときに浴衣を着たことがある人や、
七五三のお祝いに着物を着たことがある人もいるかもしれません。

「着るのが難しそうだし、気軽には着られない」
「いろいろなルールがあって、めんどうくさそう」
というイメージなどから、着物をあまり身近に感じられない人も多いでしょう。

でも、昔の日本人のふだん着が着物だったように、着物はだれでも着られるもので、
難しいものではありません。身近に感じられるようになれば、
洋服と同じようにファッションの一つとして、おしゃれを楽しめるようになります。
とはいえ、TPO（Time 時 / Place 場所 / Occasion 場面）を守ることも大切なので
この本を読んで、知っておきましょう。

第1巻では、着物の種類やルール、着物に必要なアイテムなど着物の基本、
第2巻では、着ていくシーンや季節ごとのコーディネートの楽しみ方、
第3巻では、着付け方やヘアアレンジ、着物に使える小物作り、洋装との合わせ方など、
より実践的な楽しみ方を紹介しています。
手作りの小物を身につけるだけで、着物の楽しさがいっそう広がります。

着物は日本の伝統文化が詰まった、海外からも人気のある、とても魅力的な衣装です。
七五三や卒業式、結婚式などのお祝いの場以外にも、
旅先やちょっとしたおでかけなど、着物を着られる場面はたくさんあります。
いろいろなシーンで積極的に取り入れ、着こなしてみてください。
着物はみなさんを輝かせてくれるでしょう。

織田きもの専門学校

この本を読むみなさんへ ——————— 2

1章
着物の種類を知ろう

着物の種類と格 ——————— 6

振袖 ——————— 8

黒留袖 ——————— 9

色留袖 ——————— 10

喪服 ——————— 11

訪問着 ——————— 12

つけ下げ／色無地 ——————— 13

小紋 ——————— 14

つむぎ／化繊 ——————— 15

木綿 ——————— 16

浴衣 ——————— 17

着物はいいところがいっぱい！ ——————— 18

2章
着物の基本

和装の組み合わせを知ろう ——————— 22

帯の種類はいろいろ ——————— 24

和装に必要な小物アイテムを知ろう ——————— 26

　帯あげ ——————— 26

　帯じめ／帯どめ ——————— 27

　半えり ——————— 28

　足袋／草履・下駄 ——————— 29

　上着／バッグ／髪飾り ——————— 30

3章
着物の歴史

着物の始まりと移り変わり ——————— 32

さくいん ——————— 39

この本の内容や情報は、制作時点（2023年11月）のものであり、今後変更が生じる場合があります。

参考文献

・『きもの文化検定公式教本 I　きものの基本』／一般社団法人 全日本きもの振興会編／ハースト婦人画報社／（2023 年）

・『ひとりで着られる着つけと帯結び　はじめての着物』／荘司礼子監修／主婦の友社／（2019 年）

・『最新版　きものに強くなる事典』／世界文化社／（2013 年）

・『おうちでできる着物の基本 BOOK』／石田節子監修／マイナビ／（2012 年）

・『改訂版　伝統を知り、今様に着る　着物の事典』／大久保信子監修／池田書店／（2023 年）

・『調べる学習百科　和服がわかる本』／こどもくらぶ編／岩崎書店／（2016 年）

・『マンガで教養　はじめての着物』／大竹恵理子監修／朝日新聞出版／（2020 年）

・『魅力を知ればもっと好きになる！　着物を楽しむ教科書』／池田由紀子監修／ナツメ社／（2022 年）

・『すべては姿かたちにあらわれる！　日本の歴史 生活図鑑ビジュアルブック』／山田康弘・仁藤敦史・澤田和人監修／東京書店／（2021 年）

1章

着物の種類を知ろう

同じように見える着物にも種類があり、
着ていく場面や小物の合わせ方にルールがあります。
ここではその主な種類を紹介します。

着物の種類と格

ここでは、この本で紹介する着物の種類を、格の高いものから順に一覧にまとめました。

格が高い	礼装	準礼装

礼装
冠婚葬祭などの儀式に出席するときの正式な装い。第一礼装とも。

準礼装
礼装に準じた改まった装い。

黒留袖
（p.9）

振袖
（p.8）

色留袖
（p.10）

訪問着
（p.12）

黒五つ紋付
羽織袴
（p.9）

喪服
（p.11）

紋の数によって
格が変わります。

羽織袴
（p.12）

おしゃれ着

歌舞伎やコンサート、高級レストランなどに。略礼装とも。

ふだん着

お祭り、旅行先での街歩き、気軽なランチに。

格が低い

つけ下げ
（p .13）

色無地
（p .13）

小紋
（p .14）

つむぎ
（p .15）

化繊
（p .15）

浴衣
（p .17）

羽織と着物
（p .14）

袖なし羽織
と着物
（p .16）

木綿
（p .16）

着流し
（p .17）

色柄と模様が華やかな成人式の定番！

振袖

袖の長い振袖は、未婚（結婚していない）女性が着る、もっとも格が高い正礼装としての着物です。袖の長さによって、大振袖・中振袖・小振袖の3種類に分けられます。袖がくるぶしまである大振袖や紋付の大振袖は、花嫁衣裳として着ることもできます。華やかな模様が、一つのつながった絵である「絵羽模様」として、全面にえがかれています。

───< こんなときに着るよ！ >───

- ・成人式　・お見合い　・初詣
- ・結婚式　・結納　　　・格式あるパーティー
- ・披露宴　・卒業式

豆ちしき

なぜ未婚女性だけが振袖を着るの？

男女が気軽に話すことが許されなかった江戸時代、未婚の女性は、袖をふることで男性へ愛情を伝えていました。そのために、袖の長い振袖を着ていたとされています。結婚後は夫以外の人に愛情を伝える必要がないため、袖を短くした留袖を着ました。

盛り髪に大きめで華やかな髪飾りをつけて、ボリュームアップ。

フォーマルな半えりにだてえりを合わせると、より華やかに。

金、銀、白を基調とした袋帯。帯あげはたっぷり出して。

小さめのハンドバッグやクラッチバッグを合わせて。

肩から袖、すそまで一体感のある華やかな絵羽模様。

白足袋が基本。草履の色は、振袖の色と合わせると統一感が出る。

もっとも格式の高い
既婚女性の第一礼装

黒留袖

既婚女性のもっともフォーマルな礼装です。結婚式や披露宴での、新郎新婦の母親や仲人に着られるのが多く見られます。五つ紋が入った黒地の着物で、すそまわりにのみ絵羽模様がえがかれています。模様の多くは、吉祥文様というおめでたい柄です。

こんなときに着るよ！

・結婚式　　　・結納
・披露宴

清潔感がある上品なアップスタイルが基本。ゆるふわはNG。

白の半えり。

胸、袖、背中の五か所に、紋が入っている。

帯や帯まわりは金、銀、白を基調に格調高く。

金銀の糸で織られた高級感のある布製のバッグ。

黒地の着物。すそまわりには金を基調とした豪華な絵羽模様。

白足袋に、金、銀、白の草履。かかとが高めのものを。

男性の着方

黒五つ紋付羽織袴

男性の第一礼装。「黒羽二重」と呼ばれる光沢感のある最高級の絹で織られた黒い着物に、五つ紋が入った羽織。縞柄の仙台平で仕立てられた袴をはきます。半えり、羽織ひも、足袋は白でそろえます。

五つ紋が入った黒無地の羽織

仙台平の袴

紋の数で格が変わる
未婚、既婚ともに着られる礼装
色留袖

紋が入っていてすそまわりだけに絵羽模様がえがかれている、黒以外の色の着物を色留袖といいます。結婚していても、していなくても着られる女性の礼装です。紋の数によって礼装としてのレベルが変化し、もっとも格が高いのが五つ紋です。一枚持つなら一つ紋や三つ紋のほうが、着られるシーンは広がります。

┌─── こんなときに着るよ！ ───┐

・結婚式　　・格式ある式典
・披露宴　　・子どもの入学式や卒業式

豆ちしき

紋の数で格が変わる

紋の数は、五つがもっとも格が高く、三つ、一つの順に格が下がります。

五つ紋	背に一つ、袖に二つ、胸に二つの五か所。黒留袖(p.9)や喪服(p.11)に入れられる。
三つ紋	背に一つ、袖に二つの三か所。準礼装としての色無地(p.13)、色留袖に入れられる。
一つ紋	背に一か所。準礼装としての色留袖、訪問着(p.12)、色無地(p.13)に入れられる。羽織に入れられることも。

髪飾りはシンプルに。

フォーマルな半えり。

帯や帯まわりは、金、銀、白を基調に。帯あげは淡い色だと上品。

入っている紋の数で格が変わる。

金銀をあしらった布製バッグ。小ぶりのパーティーバッグもOK。

すそまわりに華やかな絵羽模様。

白足袋に、金、銀、白の草履。かかとが高めのものを。

葬式や通夜に着る
喪の第一礼装

喪服

　喪服は葬式や通夜、一周忌などの法事に着る服装のことです。そのなかでも、黒喪服は、女性にとってもっとも正式な喪服です。遺族は五つ紋を、それ以外の人は一つ紋、または三つ紋が入ったものを着ることが多いです。三回忌以降の法事やお別れの会などでは、暗めの色の生地に一つ紋が入った、色喪服を着ます。黒喪服よりもカジュアルですが、帯や小物は黒を合わせます。

─ こんなときに着るよ！ ─

・通夜、葬儀
・法事

髪飾りはつけず、ピンや地味な色のヘアゴムでまとめて。

白の半えり。

胸、袖、背中の五か所に、紋が入っている。

帯あげや帯じめも黒一色。帯は黒に地紋が入ったものでもOK。

結婚指輪以外のアクセサリーはつけないのが一般的。つける場合はパールを。

パールや光沢のない、布製の黒いバッグ。

黒の無地。

白足袋に、光沢のない黒の草履。

豆ちしき

昔の喪服は白だった!?

　女性が黒喪服を着るようになったのは明治時代からで、それまでは白いものでした。これは、死者の白装束と同じものを着ていたとされており、夫を亡くした女性が白喪服を着ることで、「ほかの男性とは結婚しない」という気持ちを示すものでもありました。

式典やパーティーに 一着あると役立つ 訪問着

もともと訪問着は、名前のとおり、人の家を訪問するときに着た着物でした。未婚・既婚の区別はなく、年齢を問わず着られるため、現在では結婚式やパーティーなどの正式な場面だけでなく、劇や舞台を鑑賞するときなど、さまざまな場面で着られています。模様のバリエーションが多く、着たい場面に合わせて選ぶことができます。

こんなときに着るよ！

- 結婚式
- 披露宴
- 結納
- 祝賀会
- パーティー
- 観劇
- コンサート
- 高級レストラン

髪飾りはシンプルに。編みこみなどにすると華やか。

フォーマルな半えり。だてえりをつけても OK。

礼装、準礼装として着るなら紋を入れても。

地色が淡いものは上品な着こなしに。帯は着物の色やシーンに合わせて。

礼装、準礼装として着るなら金銀の糸で織られた高級感のあるバッグを。

胸から袖、すそまで一体感のある華やかな絵羽模様。

白足袋に、金、銀、白の草履。

男性の着方

羽織袴

結婚式に招待されたときは、黒以外の色の着物と羽織に、袴をはきます。着物と羽織は五つ紋が入ったものを着るのが正式。半えりの色は白以外でもよく、足袋の色は着物が紋が入っている場合は白で、それ以外は自由。

黒以外の着物と羽織。

礼装なら仙台平、それ以外は無地。

幅広い場面で万能に着られる つけ下げ

訪問着によく似ていますが、つけ下げの柄は絵羽模様ではなく、左肩にワンポイントの柄がつき、すべての柄が上向きなのが特徴です。模様がひかえめなので、コーディネートがしやすく、さまざまな場面で着ることができる着物です。

半えりは、準礼装として着るなら白。おでかけ着として着るなら自由。だてえりをつけてもOK。

ヘアスタイルはシンプルに、色無地の場合、髪飾りは華やかにするとバランスがいい。

ひかえめにも華やかにも コーディネート自在 色無地

白い生地を黒以外の色で一色染めにした無地の着物です。生地には、地紋（織ってつくった文様）があるものと、地紋がないちりめんの2種類があります。紋を入れる場合は、一つ紋が一般的。準礼装として結婚式や式典などにも着られます。

ややカジュアルなバッグでもOK。シーンに合わせて。

つけ下げの柄はひかえめ。すべての柄が上を向いているのが特徴。

色無地に柄はなく、無地または地紋。

白足袋。草履は白か淡い色で。

◁ こんなときに着るよ！ ▷

・結婚式　・祝賀会　・コンサート
・披露宴　・パーティー　・高級レストラン
・結納　・観劇

13

柄の種類は多種多様
ワンピース感覚で楽しめる
小紋

　生地全体に小さな紋様（文様）が入っていることが名前の由来となっている着物で、同じ柄がくり返されているのが特徴です。四季の花や古典柄があしらわれたものなら金糸銀糸の入った名古屋帯を合わせておしゃれ着に、縞柄や格子柄などならカジュアルな名古屋帯を合わせてふだん着に。生地の柄や合わせる帯次第で、さまざまなシーンに着ていくことができます。

── ● こんなときに着るよ！ ● ──

・結婚式の二次会　・コンサート　・買い物
・気軽なパーティー　・ランチ　・デート
・観劇　　　　　　・食事会

男性の着方

羽織と着物

　おしゃれ着として着るときは、袴ははかず、羽織と着物を合わせます。女性ではふだん着としてあつかわれるつむぎ（p.15）も、男性の場合はパーティーなどに着ていくことができます。

足袋は白以外でも自由。

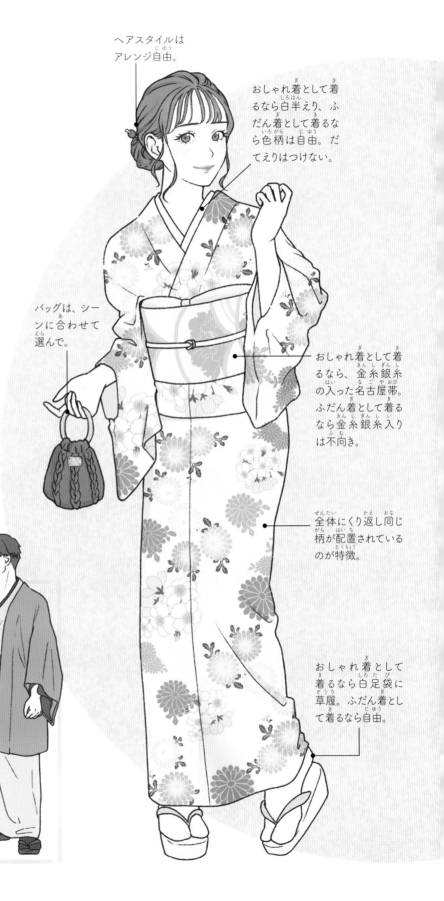

ヘアスタイルはアレンジ自由。

おしゃれ着として着るなら白半えり、ふだん着として着るなら色柄は自由。だてえりはつけない。

バッグは、シーンに合わせて選んで。

おしゃれ着として着るなら、金糸銀糸の入った名古屋帯。ふだん着として着るなら金糸銀糸入りは不向き。

全体にくり返し同じ柄が配置されているのが特徴。

おしゃれ着として着るなら白足袋に草履。ふだん着として着るなら自由。

色柄の素朴さが魅力
ふだん着やおしゃれ着に
つむぎ

ちょっとしたおでかけやふだん着にぴったりな着物。もともとは繭をつくる農家が、製品にならない繭玉を使ってふだん着用につくっていたものでしたが、着心地のよさや丈夫さから、人気になりました。生産地ごとに生地の風合いや織り柄が異なり、結城紬や塩沢紬など、産地の名前がついたものもあります。

手ごろな価格で
雨の日にも安心な素材
化繊

ポリエステルやナイロンといった化学繊維のことを省略して「化繊」と呼んでいます。価格が比較的安く、水に強いため、家で洗えるうえに、雨の日にも安心して着ることができます。柄が訪問着と同じ絵羽模様であれば、準礼装として着ることもできます。

ヘアスタイルはアレンジ自由。

半えりは自由。だてえりはつけない。

かごバッグや布バッグなど何でも自由。

つむぎは、格子や幾何学文様、縞柄が多く、渋めの落ち着いた色合い。

足袋の色は自由。下駄でもOK。

名古屋帯や半幅帯を着物の色柄に合わせて選んで。

化繊は、大きく大胆な柄で派手な色合いが特徴。

こんなときに着るよ！

・ファミレス　　・デート
・カフェ　　　　・旅行先
・買い物　　　　・お祭り

15

自宅でも洗える
ふだん着の定番！
木綿

　木綿糸を使った織物の着物です。吸収性がよく、さらりとした着心地で、絹の着物に比べて手入れも簡単なので、ふだん着に向いています。全国各地で作られ、産地によって柄や風合いに特徴があり、価格もさまざまです。高級なものでは、重要無形文化財にもなっている久留米絣が有名です。

───〈 こんなときに着るよ！ 〉───

・ファミレス　　・買い物　　・旅行先
・カフェ　　　　・デート　　・お祭り

男性の着方

袖なし羽織と着物
　気軽なふだん着として着るときは、着物に袖なし羽織を合わせます。着物と羽織の色合わせでコーディネートを楽しみましょう。半えりや足袋の色も自由です。

帯と羽織ひもも装いのアクセントに。

ヘアスタイルは自由。

日常づかいのバッグなど何でもOK。

半えりは自由。着物が地味なら色半えりをアクセントに。だてえりはつけない。

名古屋帯や半幅帯を。着物の色柄に合わせて選んで。

さらりとした着心地。格子柄や縞柄など、素朴であたたかみのある色柄が特徴。

足袋は色柄やレース生地など自由。下駄でもよい。

着方も簡単
夏限定のラフな着物

浴衣

浴衣は、平安時代に入浴時に汗を吸わせるものとして着られていた、「湯帷子」がもとになっています。次第に入浴後に着られるものに変化し、現代では肌着の上に直接着られる、カジュアルな夏用の着物となりました。かつては藍色の生地に白い模様が入ったものが多かったですが、最近ではさまざまな色やデザインが登場しています。

こんなときに着るよ！

- ファミレス
- カフェ
- 買い物
- デート
- 旅行先
- お祭り
- 花火大会

男性の着方

着流し

羽織も袴も着ず、着物と帯だけのスタイルを「着流し」と呼び、男性のもっともカジュアルな着物の着方です。ちなみに浴衣の場合は、着流しにするのが基本です。

ヘアスタイルは自由。アップにまとめると涼しげ。

一般的に半えりはつけないが、半えりをつけて着物風に着てもよい。

素材は綿のほか、麻、化繊などの吸水性のよい生地。

半幅帯や兵児帯が基本。

かごバッグやきんちゃくなど、夏らしい素材を選んで。

足袋ははかず、はだしに下駄。

着物はいいところが
いっぱい！

日本が世界にほこる文化である「着物」。
その魅力を知り、味わってみましょう。

① 日本の伝統に触れられる

　着物は、日本の伝統文化の一つです。着物の柄や色は、長い歴史をかけて発展してきた、日本の美しさそのものといえます。また、着物の生地の織り方や染め方、仕立て方には、代々受けつがれてきた職人さんの技がギュッとつまっています。着物を実際に着ることで、そんな伝統や職人さんのこだわりを、直接感じることができるのです。

② 立ち居ふるまいが 自然と美しくなる

　着物を着ると、帯でお腹や腰がおさえられるため、姿勢がまっすぐになり、ねこ背のクセを直すことができます。また、着物は洋服よりも動きにくく、歩くときや座るとき、物を取るときなどには、乱暴なふるまいができません。そのため、ていねいなしぐさを心がけるようになり、自然と美しいふるまいを身につけることができます。

③ 自由な個性と 季節感を楽しめる

　着物の柄や素材には、多くの種類があります。それらをうまく活用すれば、季節感や個性を楽しむことができます。四季にぴったりな柄や素材を選んで着ることは、着物の楽しみの一つです。また、おしゃれな半えりをつけたり、草履の代わりにブーツをはいたりと、小物を自由にコーディネートすれば、個性たっぷりの着こなしができます。

④ おでかけが もっと楽しくなる

　着物を着て出かけるとなると、大変そうなイメージがありますが、そんなことはありません。洋服よりもあざやかな色合いや柄が多いので、着るだけでお出かけにぴったりなファッションになります。また、着物で出かけると、まわりの人から「すてきですね」「お似合いです」とほめられることも多く、お出かけが楽しくなるはずです。

⑤ ずっと着られる

　洋服と比べて、着物は流行の変化があまりないため、好きな色柄のものなら、年齢や時代に関係なく着ることができます。もし体形が変わっても、着方しだいで着続けられるのも、長く着られる理由です。さらに、着物の生地は丈夫で傷みにくいため、何代にもわたって着物が受けつがれていることも多くあります。大切にすればいつまでも着られるのです。

2章

着物の基本

帯やえり、草履など、
着物に必要な基本のアイテムを紹介します。
それぞれの役割と選び方を知っておきましょう。

和装の組み合わせを知ろう

洋服を着るときに下着を身につけるように、和装でも着物の下に身につける決まったアイテムがあります。それぞれの役割を知っておきましょう。

基本の組み合わせは肌着＋長襦袢＋着物

　和装ではショーツの上に肌着、長襦袢を身につけ、その上に着物を重ね着するのが基本です。体のラインにメリハリをつけないほうが美しいとされるため、補正のために腰まわりにタオルを巻くのが一般的。基本的にブラジャーはつけません。つける場合は和装ブラかスポーツブラをつけてから、形をなだらかに整えましょう。

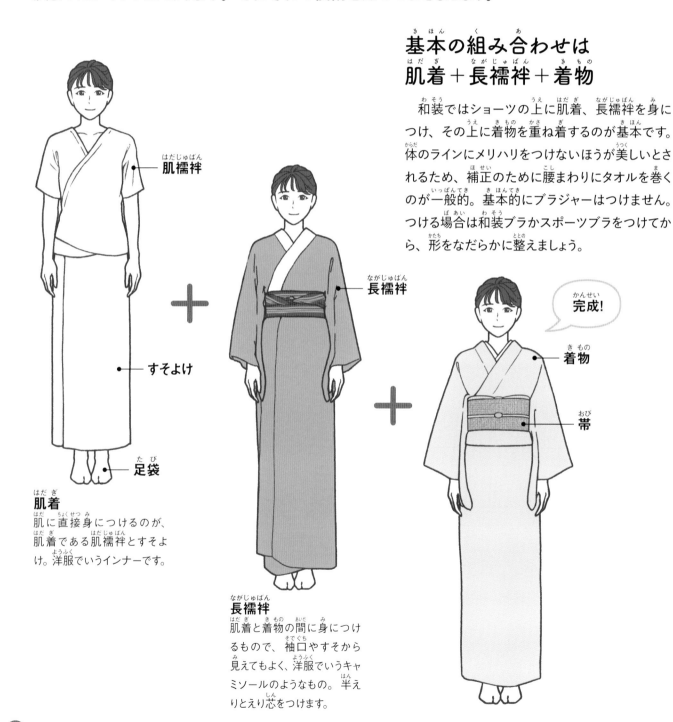

肌襦袢

すそよけ

足袋

肌着
肌に直接身につけるのが、肌着である肌襦袢とすそよけ。洋服でいうインナーです。

長襦袢
肌着と着物の間に身につけるもので、袖口やすそから見えてもよく、洋服でいうキャミソールのようなもの。半えりとえり芯をつけます。

完成!

着物

帯

肌着

保湿、保温、吸汗の役割があります。着物や長襦袢は気軽に洗えないものが多いので、それらに直接汗や皮脂がつかないように守る役割もあります。

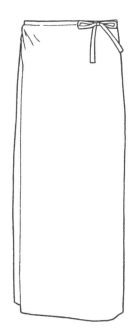

肌襦袢
汗がかわきやすく通気性がよい素材がよく、タンクトップやえりぐりの開いたTシャツでも代用できます。

すそよけ
腰に巻き付けます。長襦袢のすそ汚れや、静電気で足に着物がまとわりつくのを防ぎます。着くずれ防止にもなります。

長襦袢

着物に直接汗や皮脂がつくのを防ぐ役割があります。着物のえり元を飾る、半えりをつけるためのインナーでもあります。

色や柄があるものはおしゃれ着やふだん着用に。礼装では白を着ます。

ロング丈の長襦袢か、上下が分かれている二部式襦袢の2種類があります。

はだしはマナー違反
必ず足袋をはいて

　和装の場合、はだしに下駄でよいのは浴衣のときだけ。着物では必ず、足袋と草履がセットです。草履をはくときは、靴下の役割をする足袋をはくのがマナー。つま先で二またに分かれているのが足袋の形の特徴です。

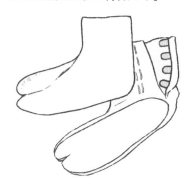

豆ちしき

浴衣は長襦袢を
着なくてもOK

　浴衣は長襦袢を着ずに、肌着と浴衣の2枚だけで着る。足元もはだしでOK。ただしホテルやきちんとしたレストランに行くときは、足袋をはきましょう。

帯の種類はいろいろ

帯も着物と同じように種類がたくさんあり、長さや幅、柄によって格が異なります。
主な帯の種類と特徴を知っておきましょう。

帯

着物の格を左右する重要なアイテムです。格の高い順に、袋帯、名古屋帯、半幅帯、兵児帯があります。袋帯は明治時代まで礼装用として主流であった「丸帯」に変わって考案された帯です。丸帯はとても分厚くて重いためあまり使われなくなってしまいましたが、今でも婚礼衣装などで使われることもあります。

袋帯

もっとも長くて幅のある帯。礼装用には金、銀、白を基調とした格調高い柄のもの。金銀糸が使われていない幾何学文様や抽象柄などのものは「しゃれ帯」と呼ばれ、つむぎなどの着物をおでかけ着にランクアップしたいときに合わせます。

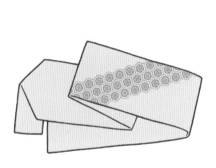

名古屋帯

袋帯を簡略化し、短めにした帯。柄や仕立て方によって着用シーンが異なります。金銀の柄や刺しゅうが入ったものからカラフルな色使いのものまでさまざま。

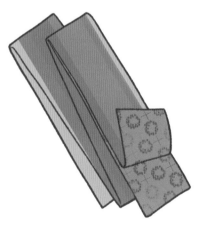

半幅帯

幅は袋帯の半分で、短めの帯。リバーシブルになっているものも多く、小紋、つむぎ、木綿、浴衣などを、ふだん着として着るときに合わせます。

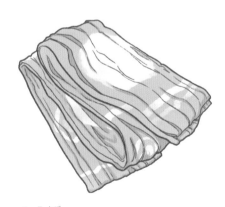

兵児帯

芯がない帯。合わせるのは、半幅帯同様、ふだん着として着るときのみ。結ぶのも簡単なので初心者におすすめです。

帯の長さ比べ

袋帯

幅：約31㎝　長さ：約4ｍ20㎝以上

名古屋帯

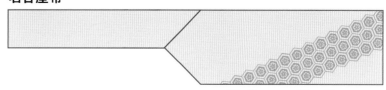

幅：約30㎝　長さ：約3ｍ70㎝

半幅帯

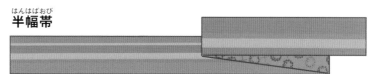

幅：約16㎝　長さ：約3ｍ50㎝以上

豆ちしき

帯幅にも歴史あり!?

帯の役割は本来、着物を体に固定するためのひもだったので、元々は幅10㎝ほどの細帯でした。江戸時代になると次第に着物が華やかな装いへと変化し、帯は装飾品としての役割が強くなったため、存在感を見せられる幅広が主流に。ところがそれでは結びにくいため、胴に巻く部分の幅を半分にした名古屋帯が登場しました。

帯の結び方もいろいろ

帯の結び方によって印象が変わり、同じ着物でもさまざまな楽しみ方ができます。帯の種類で結び方も異なります。

お太鼓結び（袋帯、名古屋帯）
女性着物の基本的な結び方です。

角出し（名古屋帯）
雰囲気を出したいおでかけ時に。

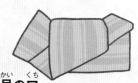

貝の口（半幅帯、角帯※）
男性着物のもっとも基本の結び方。
→3巻で紹介

文庫結び（半幅帯）
浴衣の帯結びの基本です。
→3巻で紹介

変わり文庫結び（兵児帯）
文庫結びをアレンジした結び方です。

立て矢結び（袋帯）
立体感があり振袖にぴったり。

※角帯は男性用の帯です。

和装に必要な
小物アイテムを知ろう

着物を着るときには、帯まわり、えりまわり、足元に身につける小物がいくつかあります。
シーンや場面、着物の格に合わせて選ぶことが大切です。

帯あげ

● 役割
前帯の上部から少し出す帯飾り。振袖を着るときなどは多めに出すと、華やかな見栄えに。帯の形を整え、帯板を隠す役割もあります。

● 選び方
礼装では白が基本、準礼装では白か淡い色、その他の場面は自由です。着物や帯に入っている一色や同系色を取り入れると合わせやすいです。

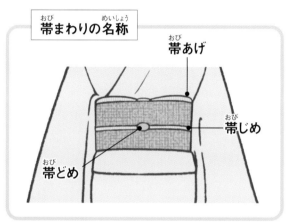

帯まわりの名称

帯あげ

帯じめ

帯どめ

※帯どめは飾りなので、必ずつけるものではありません。

**地紋や
金銀の箔入りの白**
留袖、色留袖の帯あげに。金銀が入っているものは華やかなシーンに。

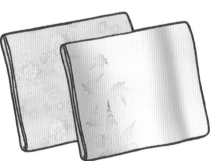

**無地の淡い色や
ぼかし染め**
礼装、準礼装以外のシーンに。帯や着物の色とのバランスで選びましょう。

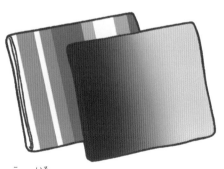

**濃い色や
鮮やかな色柄**
おでかけ着やふだん着に。落ち着いた色の着物なら、さし色としてアクセントに。

帯じめ

● 役割
帯の上からしめて、帯を固定し形をくずれにくくするためのひもです。結び目は基本的には前帯の中央にくるようにします。

● 選び方
礼装や準礼装では白に金銀の糸を組みこんだもの。または淡い色でも幅広のものを。その他の場面では、コーディネートに合わせて自由。

主な種類

丸組み
ひもが円筒状に組まれたもの。伸び縮みしやすく、面を気にせず結べるので初心者におすすめ。

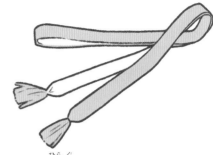

平組み
平らに組まれたもので、帯じめの中ではもっとも一般的。幅が広いほうが格式が高い場面に合います。表裏があるので結ぶときは要注意。

丸ぐけ
綿を布などで包んで、ひも状にしたもの。花嫁衣装や振袖でよく使われます。

帯どめ

● 役割
前帯の中央にくる、帯じめにつける飾りです。宝石や天然石、陶器、木材、ガラス、布、金属、プラスチックなど、素材はさまざまあります。裏に金具がついていて、そこに帯じめを通せる構造になっています。

● 選び方
おしゃれ着やふだん着につけることが多いので、ルールはありません。ハンドメイドでオリジナルの帯どめを作ることもでき、ブローチでも代用できます。

トンボ玉
色のついたガラスに模様をつけた、穴のあいたガラス玉のことです。一つひとつ手作業で作られます。

つまみ細工
何枚もの小さなちりめんなどの布を、折ったりつまんだりして組み合わせて作る、江戸時代から伝わる伝統工芸です。

陶器
焼き物ならではの素朴さやあたたかみがあり、どんな着物にも合わせやすく、さまざまな色や形のものがあります。

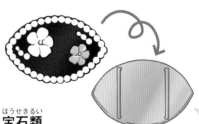

宝石類
ジュエリー付きの帯どめは華やかで高級感のある印象に。訪問着など、パーティーのときにおすすめです。

裏はこんなふう！

半えり

● 役割
長襦袢のえりにぬいつけるもので、着物や襦袢のえり汚れを防ぐ役割があります。顔うつりをよくするアイテムでもあります。

● 選び方
どんな場面でも白が基本なので、無地の白が一枚あれば安心です。何度もつけ外しをするので、丈夫な素材を選びましょう。

帯まわりの名称

半えり

えり

主な種類

地紋や金銀の箔入りの白
白地に地紋や金銀の箔が入ったものは、色留袖や黒留袖など、礼装や準礼装に着用。

無地の白
礼装からふだん着まで、どんな場面でも合わせられます。

刺しゅう入りの白
金銀の刺しゅうが入ったものは振袖や結婚式などの華やかな場面に。

色無地や柄
色無地や柄入りのものは、おでかけ着やふだん着向き。

だてえりで華やかさをプラス

だてえりとは重ねえりともいい、半えりの上に重ねて見せるもの。装いを華やかにする効果があり、振袖や訪問着などに合わせます。おしゃれとはいえ夏に着る浴衣は涼しげに見えることも大事。そのため、浴衣にはだてえりをつけないのが一般的です。

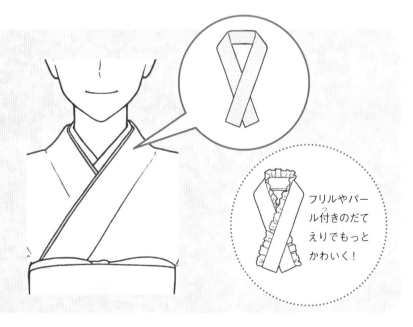

フリルやパール付きのだてえりでもっとかわいく！

足袋

● 役割
くつ下。礼装や準礼装では、白足袋をはくことがマナーとされています。

● 選び方
ふだんのくつのサイズより5㎜ほど小さいものを選ぶとよいとされますが、試着して選びましょう。礼装や準礼装では向きませんが、くつ下のように伸び縮みする足袋もあります。

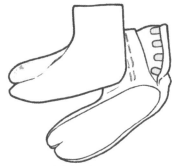
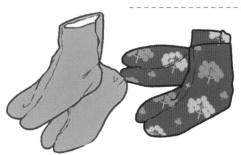

キャラコ白足袋
礼装からふだん着まで、どんなときもこれ一足持っていれば万能。4枚のこはぜがついているものが多いです。

色柄足袋
おでかけ着やふだん着に合わせると、個性的な印象に。

はき方のコツ

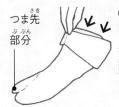

つま先部分

❶ こはぜを外して足袋を半分ほど折り返してから、足を入れます。

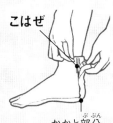

こはぜ

❷ かかとをきっちり合わせて足袋を足首までおおったら、こはぜを下から順にとめます。

かかと部分

草履・下駄

● 役割
外出時に欠かせないはきもの。草履はクッション性のある素材で、下駄は木材でできているという違いがあります。草履は、かかとの高さで格の高さも変わります。

● 選び方
はいたときにかかとが出るくらいが適したサイズです。試着して選びましょう。淡い色の草履を一足持っていると便利。

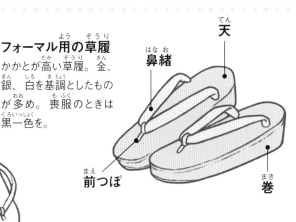

フォーマル用の草履
かかとが高い草履。金、銀、白を基調としたものが多め。喪服のときは黒一色を。

天　鼻緒　前つぼ　巻

ふだん着用の草履
かかとが低い草履。色の種類は豊富。光沢感がある白のエナメルは上品な印象に。

下駄
ふだん着や浴衣に。コンサートや観劇に行くときは音がなるので避けましょう。

29

上着

季節に合わせて着る和装用の上着もいくつかの種類があります。
→2巻で紹介

羽織は、茶室以外なら室内で着ていてもよい、ふだん着用の上着です。そのため、式典やパーティーの会場で着るのはマナー違反です。

寒い時期に着る防寒コートや、雨の日に着る雨コートがあります。長さやえりのデザインなど形はさまざまです。

季節の変わり目には、薄手のショールやストールがあると便利。首元が冷えるときはマフラーもOK。

バッグ

バッグは着物の格やシーンに合わせて選ぶことが大切です。和装には小ぶりのものが合います。

礼装には金銀の糸で織られたハンドバッグ。

パーティーなどには洋装でも使えるクラッチバッグ。

浴衣には涼しげなかごバッグを合わせて。

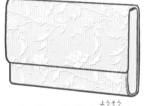

きんちゃく付きのかごバッグはふだん着に。

髪飾り

着物の髪飾りの代表であるかんざしにも、いろいろなタイプのものがあります。ヘアピンやリボン、カチューシャなどを使ってもおしゃれ。シーンに合わせたアレンジを楽しみましょう。→3巻で紹介

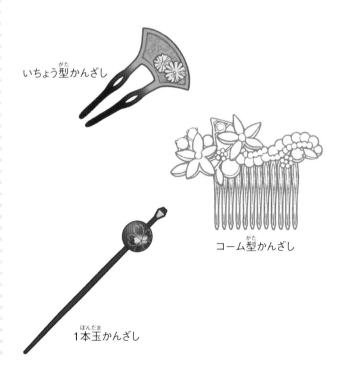

いちょう型かんざし

コーム型かんざし

1本玉かんざし

3章
着物の歴史

着物が現在のような形になったのは
いつ頃なのでしょうか。
日本の衣服の移り変わりを時代をおって見ていきましょう。

着物の始まりと移り変わり

着物がどのように生まれ、発展してきたのか、その歴史を見てみましょう。

着物の原点は平安時代の小袖から

「着物」という言葉は、もともとは「着るもの」という意味で、衣服そのものを指していましたが、洋服を着るようになってからは、和服だけを指すようになりました。現在の着物は、袖口の開きがせまくて動きやすい「小袖」と呼ばれる着物が、もとになっているといわれています。平安時代から着られており、当時は貴族の礼服用の下着として、庶民の間ではふだん着として着られていました。男性は小袖の上に短い袴をはいたり、女性は前掛け（しびら）をつけたりして、着ていました。

時代ごとに変化した小袖

鎌倉時代になると白が一般的だった小袖に色や柄のあるものが表れ始め、やがてその上に着ていたさまざまな上着が省略されます。室町時代には色や柄がさらに華やかになり、武家の婦人が表着として用いるなど、身分を問わず小袖を着るようになりました。江戸時代にはさまざまなデザインが生まれ、帯の太さも変化します。袖の丈が長い「振袖」が登場したのも江戸時代。戦後は洋服を着る人が増え、小袖という言葉は使われなくなっていきました。

（平安時代の庶民の女性）

しびら

縄文時代

弥生時代

旧石器時代までは毛皮でつくった服を着ていましたが、縄文時代には、植物の繊維を使った服を着るようになりました。お祭りなどの特別な日には、色のついた服を着ました。

朝鮮半島より伝わった、縦糸と横糸を交差させる機織りの技術のおかげで、絹や麻の布が作られるようになり、身分の高い人たちの服に使われるようになりました。

（上流階級の男女）

ふだんは男女ともに、模様の少ない素材のままの服装。

大人の女性は耳飾りをつけ、顔に顔料で模様をかいていた。

ガラス玉、青銅、鉄などでできたネックレス。

植物の実や根で染められた上着と帯。

動物の皮で作られたくつ。

動物の皮で作られたくつ。

「裳」と呼ばれるロングスカートのようなもの。

身分の高い人は、男女ともに「衣」という長めの服を現代のえり合わせと逆の左前に着て、帯などで結んでいました。男性はズボンに似た袴、女性は裳と呼ばれる長いスカートのようなものをはいていました。

飛鳥時代には上流階級では「冠位制度」により、身分によって冠や服の色に決まりができました。奈良時代には中国の制度にならう「衣服令」という法律が定められ、えり合わせが現代と同じ右前※に定められました。

（上流階級の男女）

ガラスや石で作られたネックレス。

女性は正装のときに「領巾」という薄い布を身につけた。

太めの袴。足を動かしやすいように、ひざのあたりを「足結」でしばる。

「裳」の形はそれぞれの時代ごとに変化。

（上流階級の男女）

「頭巾」はあごでひもを結ぶ。地位によって布の生地が異なっていた。

「襖」と呼ばれる表着に白の袴。

革製の腰帯

先がとがった革製の黒いくつ。

※着ている本人から見ると左が前ですが、人から見て右が前なので、「右前」という言い方をします。

平安時代

鎌倉時代

服装が中国風から日本独自のものへと発展し、男性はより複雑に、女性はより華やかになっていきます。上流階級では、正装として催事などを行うときに着るものと、ふだん着で身につけるものが異なりました。

武家の社会になり、男性は武士も庶民も直垂がふだん着として広まります。身分の高い女性は小袖に袴をはき、袿を上に着る「衣袴姿」が正装になり、外出時は「壺装束」と呼ばれるスタイルが一般的でした。

（上流階級の男女）

（上流階級の男女）

「烏帽子」と呼ばれるかぶりもの。

「直衣」と呼ばれる日常の表着。色柄は自由。

小袖の上に「袿」という着物を5枚重ね、その上に「小袿」を重ねて着る。

「市女笠」と呼ばれる、ふちに薄い布をたらした編み笠。

「侍烏帽子」をあごひもで結ぶ。

高級な生地でできた「直垂」。袖口はひもでしぼる。

小袖の上に単と袿を着る。

「指貫」と呼ばれる、幅が広く丈が長い袴。

緋色（赤系）の袴。現在でも巫女装束として用いられている。

鼻緒が太い草履。

直垂と同じ生地の袴。

室町時代　➤　安土桃山時代

戦国時代に近づくと、服装は動きやすさが重視されるようになります。「素襖」と呼ばれるものが武士のふだん着として定着し、室町時代末期には礼装になりました。女性は小袖と細帯に簡略化されました。

男女ともに身分を問わず小袖を着るようになり、上流階級では白を基調とした小袖の上に男性は「肩衣」、女性は細帯に「打掛」という豪華な小袖をさらに重ね着するスタイルが広まりました。

（上流階級／武家の男女）　　　　　　　　　　（上流階級／武家の男女）

鎌倉時代の直垂を簡素化した「素襖」。

織物や染め、刺しゅうの技術が発展し、さまざまな色柄の小袖に。

現代の花嫁衣装としても知られる「打掛」。

室町時代の素襖の袖をとった「肩衣」。

小袖。

小袖。

肩衣と同じ生地の袴。

素襖と同じ生地の袴。

革製の足袋にわらじ。

36

江戸時代

武家の男性は小袖と袴、女性は身分や職業によってさまざまなデザインの小袖を着ていました。江戸時代後期には、女性の帯の幅が現代と同じくらいの太さになりました。お太鼓結びをしめるようになったのもこの頃です。働く人が増え、半纏やふんどしスタイルなど職業に合った服装がいくつも生まれました。

（武家の男性）　（江戸時代後半の町人の女性）　（子ども）

肩衣の肩の部分が左右に張り出した形に変化。

地味な色合いの小袖。黒いえりが流行に。

おはしょりは、歩きやすくするために江戸時代に考えられた着方。

室内では「お引きずり」と呼ばれる、すそを長くたらして着るスタイルもあった。

肩衣と同じ生地の丈の長い袴。

子どもたちの着物は大きめに作られ、成長に合わせて仕立て直していました。

明治・大正時代	現代

西洋文化が一気に広まり上流階級は洋装（洋服）に変化。庶民の間では和装と洋装を合わせた着方が広まりました。書生（勉強をする男子学生）はシャツの上に小袖と袴、女学校の制服は小袖に袴をはくスタイルでした。

黒五つ紋付羽織袴と黒留袖が男女の第一礼装として認められたのは、明治時代です。現代は洋服が主流ですが、着物は、礼装や晴れ着として、結婚式や成人式などのさまざまな場面で着られています。ふだん着として着物を楽しむ人も増えています。

（女学校に通う女性）　（書生の男性）

（礼装の男女）

矢絣柄の小袖が流行。

学帽。

丸首のスタンドカラーのシャツの上に小袖。

黒五つ紋付羽織袴

黒留袖

ロングスカートのようなつくりの「行燈袴」。

短めの袴に下駄。

洋装用のくつやブーツ。

さくいん

［あ行］

五つ紋 ……………………………… 10
色留袖 …………………………… 6・10
色無地 …………………………… 7・13
上着 ………………………………… 30

えり ………………………………… 28

おしゃれ着 ……………………… 7・15
お太鼓結び ………………………… 25
帯 …………………………… 22・24・25
帯あげ ……………………………… 26
帯じめ …………………………… 26・27
帯どめ …………………………… 26・27

［か行］

貝の口 ……………………………… 25
格 …………………………………… 6
化繊 ……………………………… 7・15
髪飾り ……………………………… 30
変わり文庫結び …………………… 25
着流し …………………………… 7・17
黒五つ紋付羽織袴 ……… 6・9・38
黒留袖 …………………………… 6・9・38
下駄 ………………………………… 29
小袖 ………………………………… 32
小紋 ……………………………… 7・14

［さ行］

準礼装 ……………………………… 6

すそよけ ………………………… 22・23
草履 ………………………………… 29
袖なし羽織と着物 ……………… 7・16

［た行］

だてえり …………………………… 28
立て矢結び ………………………… 25
足袋 ……………………… 22・23・29
つけ下げ ………………………… 7・13
角出し ……………………………… 25
つむぎ …………………………… 7・15

［な行］

長襦袢 …………………………… 22・23
名古屋帯 ………………………… 24・25

［は行］

羽織と着物 ……………………… 7・14
羽織袴 …………………………… 6・12
肌着 ……………………………… 22・23
肌襦袢 …………………………… 22・23
バッグ ……………………………… 30
半えり ……………………………… 28
半幅帯 …………………………… 24・25
一つ紋 ……………………………… 10
袋帯 ……………………………… 24・25
ふだん着 ……………………… 7・15・16
振袖 ……………………………… 6・8
文庫結び …………………………… 25
兵児帯 …………………………… 24・25
訪問着 …………………………… 6・12

［ま行］

三つ紋 ……………………………… 10
喪服 ……………………………… 6・11
木綿 ……………………………… 7・16
紋 …………………………………… 10

［や行］

浴衣 ……………………………… 7・17・23

［ら行］

礼装 …………………………… 6・9・10・11

楽しむ伝統文化　着物
①着物のきほん

2024年1月5日発行　第1版第1刷©

監　修　織田きもの専門学校
発行者　長谷川 翔
発行所　株式会社 保育社
　　　　〒532-0003
　　　　大阪市淀川区宮原3－4－30
　　　　ニッセイ新大阪ビル16F
　　　　TEL 06-6398-5151　FAX 06-6398-5157
　　　　https://www.hoikusha.co.jp/
企画制作　株式会社メディカ出版
　　　　TEL 06-6398-5048（編集）
　　　　https://www.medica.co.jp/
編集担当　二畠令子 / 中島亜衣 / 佐藤いくよ
編集制作　株式会社スリーシーズン（藤門杏子）
装　　幀　キガミッツ
本文デザイン　キガミッツ
表紙イラスト　山崎零
本文イラスト　早瀬あやき
執筆協力　菅原嘉子
印刷・製本　株式会社精興社

ISBN978-4-586-08671-9　　　　Printed and bound in Japan
乱丁・落丁がありましたら、お取り替えいたします。